AF457436

M. L'ABBÉ TÉVENART

CURÉ-ARCHIPRÊTRE

DE LAON

LAON

IMPRIMERIE A. CORTILLIOT, RUE SÉRURIER, 22.

1880.

Ln27 31645

DÉPOT LÉGAL
Aisne
N° 24
1880.

M. L'ABBÉ TÉVENART.

Ln 27
31645

M. L'ABBÉ TÉVENART

CURÉ-ARCHIPRÊTRE

DE LAON

BIBLIOTHÈQUE NATIONALE
R.F.
IMPRIMÉS

LAON

IMPRIMERIE A. CORTILLIOT, RUE SÉRURIER, 22.

—

1880.

M. L'ABBÉ TÉVENART

Curé-Archiprêtre de Laon

I.

Laon, 21 Janvier 1880.

M. l'abbé Tévenart, curé-archiprêtre de l'église Notre-Dame de Laon, doyen des chanoines honoraires du diocèse, ancien vicaire général, chevalier de la Légion d'Honneur, est décédé en son presbytère aujourd'hui, 21 Janvier 1880.

Bien que cet événement fût prévu depuis quelque temps, l'âge et l'état de maladie du vénérable archiprêtre faisant redouter, dans un délai rapproché, une terminaison fatale, la nouvelle qui s'en est répandue dès le matin, dans notre ville, a causé dans toutes les classes de la population une profonde et légitime émotion.

En effet, depuis plus d'un demi-siècle, M. l'abbé Tévenart était, pour ses concitoyens d'adoption, un exemple et un guide. Appelé par ses fonctions sacerdotales à s'associer aux joies comme à partager les douleurs des âmes qui lui étaient confiées, le vénérable pasteur avait vu grandir autour de lui plusieurs générations auxquelles il avait donné tout son cœur et qui lui avaient voué, en échange, une respectueuse et reconnaissante affection.

Ces regrets, que nous ne saurions traduire, seront partagés par le respectable clergé du diocèse de Soissons et Laon, qui compte en grand nombre, dans ses rangs, d'anciens collègues et d'anciens élèves de M. l'abbé Tévenart et qui voit disparaître avec lui, dans la tombe, l'un de ses membres les plus vertueux et les plus éminents.

Nous avons eu déjà l'occasion de dire, au moment où le bruit prématuré de la retraite de M. l'archiprêtre était venu jusqu'à nous, les liens qui unissaient M. l'abbé Tévenart au diocèse et à notre ville. Nous les rappellerons en quelques lignes.

M. Tévenart (Jean-Louis), naquit à Notre-Dame-de-Liesse le 4 décembre 1795, d'une honorable famille qui a donné plusieurs de ses membres au service de Dieu. Ses premières années passées dans cette petite ville, où la religion est l'objet d'un culte tout particulier, exercèrent sans doute une influence marquée sur sa vocation. Quoiqu'il en soit, et si les souvenirs de ses contemporains ne nous ont pas trompé, M. Tévenart commença ses études à Menneville, les continua au Petit-Séminaire de son pays natal et alla les achever à Soissons.

Ordonné prêtre dès l'âge prévu par les lois canoniques, M. l'abbé Tévenart fut, vers 1822, nommé professeur au Grand-Séminaire de Soissons. En même temps, il desservait successivement les paroisses de Cuffies et de Bucy-le-Long.

Le 19 octobre 1824, eut lieu l'ouverture du Séminaire de Laon ; on y enseignait seulement la philosophie. La direction en fut confiée à M. Tévenart dont les qualités d'organisateur et d'administrateur avaient été appréciées par le premier pasteur du diocèse. Le Séminaire de Laon devint ensuite la première section (Hautes-classes) du Petit-Séminaire.

En 1837, M. l'abbé Tévenart fut appelé au poste envié, mais difficile, de curé-archidiacre de l'église Notre-Dame de Laon, où il succédait à M. Duveuf, de vénérée et regrettée mémoire, et une ordonnance royale du 7 juin agréa sa nomination.

Depuis le milieu de l'année 1837 jusque dans ces derniers temps, M. l'abbé Tévenart exerça effectivement et sans interruption ses laborieuses et délicates fonctions. L'autorité diocésaine voulut, si nous ne nous trompons, l'appeler auprès d'elle en qualité de vicaire général, mais M. l'abbé Tévenart en accepta seulement le titre et obtint de son évêque la permission de demeurer au milieu de nous.

La vieillesse et les infirmités qu'elle amène avec elle, purent seules contraindre le courageux pasteur à se décharger sur ses dévoués collaborateurs d'une partie du fardeau de son saint ministère.

M. l'abbé Tévenart avait, par une décision épiscopale, changé, ainsi que ses collègues des arrondissements voisins, son titre d'archidiacre contre celui d'archiprêtre ; il était chanoine honoraire de Soissons, et le Gouvernement avait récompensé ses longs et importants services en le nommant chevalier de la Légion d'Honneur.

Nous ne savons encore qui remplacera le vénéré pasteur, à quel membre du clergé diocésain incombera la tâche de gouverner cette paroisse qui, placée au chef-lieu même du département, n'en acquiert que plus d'importance.

Sans parler des vertus essentielles à tout curé archiprêtre, il semble qu'il faudrait lui demander ici, pour suffire à c ete tâche, l'expérience de l'administrateur, la science de l'archéologue et les qualités spéciales de l'homme privé qui, ayant vécu dans le monde, en connaît les nécessités et sait en apprécier tous les devoirs.

Nul doute que Mgr. l'évêque de Soissons et Laon, d'accord avec le Gouvernement, ne fasse, à cet égard, un choix excellent.

Dans tous les cas, on ne saurait souhaiter, pour la direction de la paroisse Notre-Dame, un pasteur plus éclairé ni plus libéral, ni qui, par son indulgente bonté, ait rendu plus aimable la religion du Christ.

Le corps de M. le curé-archiprêtre a été exposé, dès ce matin, à la vénération des fidèles qui sont venus, en grand nombre, prier pour leur pasteur et contempler une dernière fois, sa dépouille mortelle.

Les obsèques sont fixées au lundi, 26 janvier, à 10 heures du matin.

(*Journal de l'Aisne du* 22 *janvier* 1880.)

II.

Laon, le 26 Janvier 1880.

La journée du 26 janvier marquera dans nos annales comme un jour de deuil, mais aussi comme un consolant témoignage de l'affection et de la reconnaissance que les habitants de la paroisse Notre-Dame, unis dans un même sentiment avec la cité tout entière, avaient vouées depuis longtemps à leur vénéré pasteur, et comme une imposante démonstration de l'estime profonde dans laquelle le respectable clergé du diocèse, à l'exemple de Mgr l'Evêque de Soissons et Laon, tenait M. l'abbé Tévenart.

Nous l'avons dit, dès mercredi dernier, jour du décès de M. l'archiprêtre de Notre-Dame, un grand nombre de personnes s'étaient rendues pieusement au presbytère, pour payer à ce long et fécond apostolat leur tribut de prières, de regrets et de larmes. Pendant tous les jours suivants et jusqu'à la veille des obsèques, l'affluence des visiteurs n'avait fait que grandir, avide de contempler une dernière fois ces traits vénérés que la mort elle-même n'avait pu altérer encore.

Chaque soir, à six heures, le tintement lugubre de la cloche rappelait à la paroisse qu'elle venait de perdre son pasteur, et l'on peut dire sans exagération que depuis six jours un voile funèbre planait sur notre cité.

Dès hier et ce matin surtout, un grand nombre d'ecclésiastiques du diocèse, parmi lesquels la plupart des prêtres appartenant à l'arrondissement de Laon, arrivaient en notre ville. Grande était également la foule des personnes qui venaient du dehors pour assister à cette cérémonie funèbre.

D'avance, par les soins du Conseil de fabrique et de MM. les vicaires, tout était disposé dans la cathédrale en vue de la triste solennité de ce jour.

Des draperies noires bordées de blanc ont été tendues dans le fond de la nef et tout autour du sanctuaire. La stalle de chœur de M. l'archiprêtre, la chaire et le banc-d'œuvre, dans la nef, recouverts des mêmes tentures. Une chaire a été érigée à droite du sanctuaire pour M. l'archiprêtre de Saint-Quentin chargé de prononcer l'oraison funèbre du défunt. Un riche catafalque occupe le milieu du chœur. Enfin, à gauche du sanctuaire un trône surmonté d'un dais, avec les armes de

Sa Grandeur, a été dressé pour Mgr l'Evêque de Soissons et Laon.

Des places ont été disposées dans le sanctuaire pour les autorités civiles et militaires.

Les quatre premières stalles du haut, à gauche, sont réservées à M. Périnne de la Campagne, président; M. Lefebvre, secrétaire ; M. le chanoine l'Eleu de la Simonne, et M. Léon Brunel, membres du conseil de fabrique.

Les quatre stalles du bas et du même côté sont affectées aux membres de la famille.

Quant aux autres stalles, elles sont destinées à être occupées par les personnes invitées.

Au presbytère, le cercueil de M. l'archiprêtre est déposé dans une chapelle ardente; il est couvert de couronnes et de fleurs.

A dix heures précises du matin, le clergé se rendait processionnellement de la cathédrale à la maison curiale pour faire la levée du corps.

Le deuil était conduit par MM. les abbés Piot, ancien aumônier de l'Hôtel-Dieu de Laon, chanoine titulaire; Tévenart, curé de Nauroy, parent du défunt; et Parizot, aumônier de l'Hôpital de Laon, chanoine honoraire, précédant le Conseil de fabrique et la famille.

Les coins du drap mortuaire étaient tenus par M. l'abbé Guyenne, curé-archiprêtre de la cathédrale de Soissons; M. Combier, président du Tribunal civil; M. Glatigny, maire, et M. Périnne de la Campagne, président du Conseil de fabrique.

On peut dire que la population entière de notre ville assistait à cette cérémonie funèbre.

Nous avons remarqué dans le sanctuaire M. le Préfet de l'Aisne, M. le Vice-Président et MM. les membres du Conseil de Préfecture; M. le Président et MM. les membres du Tribunal civil de Laon; M. Roze, président honoraire, et M. Berthault, juge honoraire du même Tribunal; M. Boré, juge de paix; M. le colonel Fiaux du 29e d'artillerie; M. le colonel Chevallier et M. le lieutenant-colonel Noyer, du 45e d'infanterie; M. le lieutenant-colonel d'artillerie Cuvillier; M. le Sous-Intendant de France; M. le chef d'escadron de gendarmerie Milocheau, et un grand nombre d'officiers des deux armes, en garnison à Laon; M. Petit, trésorier-payeur général; M. l'Ingénieur en chef-voyer Mocquet; MM. les présidents et membres du Cercle catholique d'ouvriers, avec leur bannière, une députation de la Société de Secours mutuels avec sa bannière.

Dans le chœur, MM. Ganault, conseiller général; Rousseau, adjoint au maire; Lefèvre, Marcy, Dussaussoy, Lambert, Crépy, membres du Conseil municipal; M. Grizot, administrateur des hospices; M. Filliette, secrétaire de la même administration; M. Matra, conseiller d'arrondissement du canton de Sissonne, etc.

Un grand nombre de membres du clergé diocésain sont venus également rendre les derniers devoirs à leur regretté doyen.

Parmi eux, plusieurs chanoines de Soissons, MM. les archiprêtres Mathieu, de Saint-Quentin; Prévot, de Vervins; Guyenne, de Soissons, et Bahin, de Château-Thierry; MM. les doyens et la plupart de MM. les curés appartenant à notre arrondissement; tout le clergé de notre ville; MM. les doyens de Guise et de Vermand, etc., etc.

Les élèves du collége communal et l'école normale, ayant à leur tête M. l'Inspecteur d'académie, avec M. le Principal et M. le Directeur de ces établissements respectifs, avaient pris place également dans le chœur.

Dans la nef, toutes les écoles des deux sexes.

Les obsèques étaient présidées par Sa Grandeur Mgr l'Evêque de Soissons et Laon, ayant à ses côtés M. Péronne et M. Bourse, chanoines de Soissons.

L'office divin a été célébré par M. l'abbé Guyart, archidiacre de Soissons, vicaire général, assisté de MM. les abbés Mignot, doyen de Coucy-le-Château et Guyenne, doyen de Marle.

MM. Mulet, curé de Cessières, et Quinquet, curé de Mennevret, remplissaient les fonctions de grands-chantres.

MM. les abbés Cospin et Bouxin, vicaires de la Cathédrale, étaient maîtres des cérémonies.

L'office divin terminé, l'oraison funèbre du défunt a été prononcée par M. l'abbé Mathieu, curé-archiprêtre de Saint-Quentin. Il ne nous appartient pas de commenter ce remarquable et émouvant panégyrique. Nos lecteurs nous sauront gré, croyons-nous, de sa reproduction intégrale. Voici le texte de cette allocution qui a vivement impressionné ses auditeurs et qui a été écoutée avec un religieux silence.

Mortuus est in senectute bonâ, plenus dierum.
Il est mort plein de jours, dans une vieillesse honorée.

I. PARALIP., XXIX, 28.

Monseigneur, Messieurs, Mes Frères,

Je ne voudrais pas tromper votre attente en vous laissant espérer un *Eloge* qui dise bien les actions et les mérites du Pasteur que la mort a ravi à votre tendresse. Pour accomplir ce grand œuvre, il faudrait plus de temps que le trépas n'en laisse entre lui et la tombe. Ni mon insuffisance d'ailleurs, ni votre émotion justement suscitée, ne me le permettraient.

Mais parce que votre désignation, Monseigneur, s'égarant sur mon humble personne, m'a choisi pour rendre ce suprême hommage à l'un des vétérans les mieux appréciés de votre nombreux clergé, parce que cette assistance émue, ces représentants vénérables de l'autorité à tous les degrés, dans les ordres administratif, judiciaire, militaire, parce que cette couronne imposante de prêtres, parce que ces pieux fidèles, serrés et pressés dans la grande basilique, demandent, sinon un *Eloge* complet, au moins un récit substantiel des Œuvres d'une vie qu'ils estiment comme particulièrement sacerdotale, je viens vous dire d'abord, la résumant dans ce texte de nos Ecritures sacrées : *Mortuus est in senectute bonâ, plenus dierum*... Il est mort plein de jours, plein d'œuvres faites en esprit de foi, dans une vieillesse honorée.

La plénitude des Œuvres, au sens chrétien, mes Frères, ne se mesure pas, je le sais, au seul nombre des jours passés sur la terre. L'Esprit divin nous avertit que l'honneur et la gloire de la vie dépendent moins des années écoulées que des mérites recueillis; qu'une existence toute pleine de l'amour de Dieu, fût elle très-courte, est réputée longue et fructueuse, et que le juste, arrêté et enlevé au milieu de sa course, n'en a pas moins fourni une vaste et féconde carrière : *consummatus in brevi, explevit tempora multa.*

Mais si tel est le jugement de Dieu à l'égard d'une vie que le trépas a pu trancher prématurément, comme dans sa fleur, quel n'est pas ce jugement à l'égard d'une vie dont les années comme les œuvres, ont pu être pleines devant Dieu et devant les hommes ?

Cette plénitude de la vie, Mes Frères, ressort souvent d'une vertu, d'une qualité, don béni de la grâce divine, qui en reste, si l'homme y coopère, comme le principe toujours fécond. Dans tout homme, on l'a dit, il est un trait plus ou moins saillant qui le caractérise et semble résumer ses penchants, ses œuvres, sa vie entière. « Ayant à vous parler d'Athanase, disait autrefois St-Grégoire de Nazianze, prêchant l'éloge funèbre de l'illustre évêque d'Alexandrie, je vous parlerai du courage; car louer Athanaae, c'est louer le courage qui fut la vertu dominante de sa vie. »

Et moi, Mes Frères, ayant à vous parler du Pasteur vénérable auquel votre piété et votre reconnaissance se plaisent à faire de si magnifiques obsèques, je vous dirai sa dignité sacerdotale, son esprit sacerdotal, au point de vue surtout du respectueux dévouement qu'il gardait à la cause de Dieu, de l'Eglise et des âmes qui lui étaient confiées; esprit sacerdotal qui fut l'âme de la vie de votre Pasteur, et que nous devrons examiner successivement dans sa préparation, son accroissement, et son action sur cette importante paroisse.

Et ce sera tout l'éloge que nous dédierons, avec le souvenir du cœur, à sa mémoire auguste et vénérée.

I

L'histoire des temps anciens, Mes Frères, et l'histoire des temps nouveaux nous disent qu'il est des lieux bénis où Dieu se plaît particulièrement à distribuer sa grâce. Tantôt les faveurs célestes s'y répandent sur les foules venues de loin et rassemblées au pied des autels; tantôt elles gagnent une âme isolée, modestement recueillie dans le silence et dans le secret. Toujours elles sont présentes et accessibles aux heureux habitants de ces lieux privilégiés. Nés peut-être à l'ombre du sanctuaire antique, élevés dans les souvenirs et dans les traditions qui s'y propagent, ils ont des titres nombreux à une spéciale et incessante protection.

Ici sois béni, ô sanctuaire vénéré de Notre-Dame de Liesse, que nous nommons avec bonheur, que nous trouvons près du berceau de notre cher défunt! A la vérité, tes portes étaient douloureusement fermées lors de son heureuse naissance, et le baptême lui fut donné en secret par un généreux confesseur de la foi. Mais tu recueillis ses premières prières, tu vis sa première enfance et, plus tard, les premières manifestations de son esprit sacerdotal; sanctuaire qu'il aimait tant et où ses pieds agiles le reportaient comme d'instinct, même parfois le dimanche entre deux offices. Sous l'incessante protection de la Vierge vénérée, dont tu conserves pieusement le culte fidèle, l'enfant qui devait être le Pasteur de cette cité, grandit doucement préservé, au sein d'une famille modeste et au contact des saints exemples et des chrétiennes leçons que lui donnaient un père et une mère pleins de foi.

Je n'ai pas besoin de vous faire remarquer, Mes Frères, que la divine Providence, en choisissant ses prêtres dans l'atmosphère de la foi, a pour dessein de les former, dès l'enfance, aux mâles vertus qui sont comme le fond de l'esprit sacerdotal : l'amour divin, le détachement d'eux-mêmes, le zèle pour les intérêts de Dieu, l'esprit de sacrifice; et qu'en les recrutant aujourd'hui plus spécialement au sein des classes laborieuses, elle a pour but de montrer que le clergé ne forme pas une caste à part, qu'il exprime les vrais sentiments comme il connaît les vrais besoins du peuple, et que son cœur, comme l'a dit un grand évêque, bat à l'unisson de quiconque travaille et de quiconque souffre ici-bas.

Ainsi entouré et ainsi élevé, Mes Frères, l'enfant contenait en lui le prêtre, comme le bourgeon contient la fleur et le fruit. La Providence allait encore entretenir et développer davantage la vocation qu'elle lui avait donnée.

Remarqué dès son jeune âge par ces deux hommes apostoliques dont le nom est encore aujourd'hui dans toutes les bouches, les Messieurs Billaudel, et envoyé à Menneville, où se préparait le rétablissement de nos petits Séminaires, puis élève du Séminaire de Liesse, l'enfant faisait pressentir déjà, par de nombreux succès, les brillantes qualités qui existeraient plus tard en lui. Son intelligence, sa mémoire, la pénétration de son esprit, étaient remarquables; sa foi était forte et profonde. Dans ces humbles retraites de Menneville et de Liesse, où tout était dénué du côté des dons de la terre, et où les seuls dons du ciel étaient abondants, l'étude et plus encore la piété, la science et surtout le détachement, l'esprit de foi dominant toutes les actions, telles étaient les grandes devises. La pauvreté s'y montrait de toutes parts, mais n'excluait toutefois ni cette franche gaîté, ni cette activité du travail et des jeux qui animent les bons établissements.

C'est là que le jeune novice du sacerdoce puisa cette mâle vigueur et cette énergie de mortification qui le rendirent plus tard si austère et si dur pour lui-même, sans lui rien ôter de la condescendance et de l'indulgence qu'il pouvait avoir pour les autres. C'est là surtout qu'il développa, sous l'action de la grâce divine, cette sève féconde de foi qui anima toute son existence. Comment eût-il pu en être autrement sous la conduite de ces hommes de vieille marque et de vieille trempe, qu'on appelait les Labrusse, les Billaudel, et d'autres encore; à l'école de ces généreux confsesseurs de la foi, qui portérent si haut et si ferme la gloire du nom de Jésus-Christ, traqués, poursuivis, jetés sur tous les chemins de l'exil? Et assurément, Mes Frères, ce ne fut pas un des moindres bienfaits accordés à votre Pasteur, que d'avoir connu, jeune encore, ces grands et illustres maîtres, dont les exemples, les entretiens et les souvenirs exercèrent une si grande influence sur toute sa vie.

Ses humanités étant terminées, le jeune élève suivit, à Soissons, le cours de philosophie du docte M. Formantin, dont il devint l'ami plus encore que le disciple ; puis, pendant quelques années, le cours de théologie des Révérends Pères Jésuites, dont il eut un instant la pensée de partager les labeurs, en demandant son admission dans la Compagnie. Mais la Providence avait sur lui d'autres desseins. Elle voulait, en l'appliquant à l'enseignement et à la direction des pieux lévites dans les séminaires, développer encore en lui cet esprit sacerdotal qui, à l'austérité de la vie, à la pratique de l'humilité, de l'abnégation, saurait joindre bientôt le zèle des âmes.

II

Le jeune abbé n'est que diacre, et Monseigneur de Beaulieu lui confie la chaire si importante de la philosophie au

Séminaire de Liesse. Dire les élèves brillants qui suivirent avec tant d'intérêt son cours, et qui lui conservèrent, pendant toute leur vie, leur affectueuse et reconnaissante vénération, les Tavernier, les Lostonne, c'est dire la sûreté, la profondeur et l'éclat de son enseignement. L'année suivante, ordonné prêtre, il prend, sous la haute autorité des MM. Billaudel, la direction du petit Séminaire. A 23 ans, le voilà donc investi, par la confiance de son Evêque, de ces fonctions dont les labeurs et la responsabilité effrairaient des âmes moins fortement trempées que la sienne.

Mais, de même que l'année précédente, suivant dans leurs missions aux alentours de Liesse ses vénérés supérieurs, il a manifesté déjà un zèle ardent et un immense amour des âmes; de même, comme directeur, bien que retenu à l'intérieur de son établissement, il n'en manifeste pas moins son zèle encore accru et son esprit apostolique par les soins qu'il donne à ses enfants. Les rares survivants de ses disciples d'alors, dont plusieurs occupent avec distinction des positions élevées dans le diocèse, se souviennent avec bonheur des allocutions qu'il leur adressait quotidiennement dans les réunions dites de la *Lecture spirituelle*, du dévouement qu'il leur inspirait pour l'Eglise, la grande famille des âmes, des congrégations pieuses qu'il formait en donnant aux différents membres les noms des douze apôtres. Ils se rappellent la dévotion qu'il leur inspirait pour la Très-Sainte-Vierge, la patronne bénie qu'ils aimaient tant à prier dans son sanctuaire fameux, le lieu de ses complaisances et de ses faveurs séculaires.

Ce même zèle du jeune apôtre se manifeste quelques années après à Soissons, quand nommé professeur de théologie dogmatique au grand Séminaire, il est en même temps chargé de la cure de Cuffies; puis, l'année suivante, de la paroisse de Bucy-le-Long et de son annexe. Sa vie est celle d'un véritable missionnaire. Il prêche, cathéchise, organise des conférences d'hommes et même des chœurs d'hommes et de jeunes gens, pour chanter alternativement le dimanche les cantiques sacrés. Il ordonne des cérémonies, et les rend aussi attrayantes que possible par la présence des jeunes clercs que lui fournit

BIBLIOTHÈQUE NATIONALE R.F. IMPRIMÉS

le grand Séminaire. Les populations qu'il évangélise sont complètement renouvelées. Selon la parole du prophète Ezéchiel, il a bientôt « ramené ce qui était égaré, relevé ce qui était à terre, confirmé ce qui était faible, et il a gardé ce qui était fort. »

Et n'allons pas ici nous imaginer, Mes Frères, que les travaux apostoliques du Pasteur nuisent en quelque chose aux leçons de théologie que professe le maître. Il se délasse d'une occupation par une autre occupation. Les nuits deviennent le supplément des jours. Il travaille, recueille, compile ; selon la belle pensée de St-Augustin, il s'applique à unir la sagacité des recherches avec la majesté des choses et la splendide lumière de la vérité : *non modo investigationis sagacitate, sed etiam majestate rerum et clarissimâ luce veritatis.* Ses anciens élèves sont unanimes à dire que les grandes questions de l'enseignement théologique, la Trinité par exemple et l'Incarnation, ces sommets de l'ordre divin, comme dit encore Saint-Augustin, *summa divina*, furent exposées par lui avec autant de science que de hauteur de vues et d'intelligence.

Mais voici que l'autorité épiscopale, après l'avoir arraché à ses chères études et à ses chères paroisses, lui demande de se charger de la direction du petit Séminaire de Laon, dont les bâtiments sont rendus au diocèse. De nouveau il va coopérer à l'œuvre des MM. Billaudel, dont les efforts et les démarches ont amené cette restitution. Le jeune professeur s'est incliné sous la désignation très-honorable qui est faite de lui. Durant quinze années, il dirigera les études de ce séminaire, études qui comprennent ce qu'on appelle les hautes classes des *humanités*. Il formera les jeunes lévites qui se disposent à entrer au grand Séminaire ; il étudiera leur vocation, leurs aptitudes. Tous seront étonnés de la connaissance qu'il voudra prendre d'eux, de leur famille, de leur caractère, de leurs travaux. Tous se plieront à cette discipline grave et forte en même temps, à cette direction ferme et empreinte des pensées de la foi, à cette autorité nettement réglementée, à cette austérité de vie, que certains diraient aujourd'hui avoir cotoyé les confins de la rigueur, mais dont le supérieur lui-même donnera, le premier, l'exemple. On était loin, à cette époque, Mes Frères, de l'éducation énervante et amollissante de nos jours, dont les programmes, comme la pratique, semblent viser en première ligne au confortable de la vie, qui même en matière d'autorité place les parents entre le maitre et l'élève, dans la confidence des fautes de celui-ci, et sinon dans le partage, au moins dans la critique de ses punitions. Les habitudes de la vie étaient mortifiées alors, surtout dans nos maisons ecclésiastiques, et si les directeurs ne dédaignaient pas, dans certaines circonstances exceptionnelles, de faire appel à l'influence des parents, l'autorité du maitre suffisait d'ordinaire pour la répression des défauts et la formation des esprits et des cœurs.

Enfin, Mes Frères, après cette longue et sérieuse préparation, après ces fonctions multiples que lui avait ménagées la divine Providence pour l'établir dans une plus haute et plus sûre expérience de toutes choses, votre Pasteur vous est donné. Il succède à un vénérable vieillard, dont les années et la maladie ont trahi les forces, et qui demande à l'administration diocésaine de vouloir bien décharger ses débiles épaules du lourd fardeau qu'il ne peut plus porter. L'esprit sacerdotal de votre nouveau Pasteur va se manifester au milieu de vous, et pendant près de 43 années, vous apparaître dans la dignité et dans l'autorité de son action.

III.

L'Esprit-Saint, nous dit l'apôtre St-Paul, distribue ses dons comme il lui plaît. Il fait les uns apôtres, les autres évangélistes ; ceux-ci sont pasteurs, ceux-là sont docteurs, afin que tous concourent à former le corps parfait de Jésus-Christ, qui est l'Eglise: *in ædificationem corporis Christi*. Dans le nombre des pasteurs, les uns semblent appelés plus spécialement au ministère des œuvres ; d'autres se sentent mieux portés vers les devoirs de la prédication ; certains inclinent plus volontiers vers la direction des consciences ; d'autres sont plus à l'aise dans les questions d'administration, de gouvernement des paroisses. Sans vouloir que tout ministre de Jésus-Christ soit complet, ou spécial sur chacun de ces différents points, nous dirons toutefois qu'aucun de ces importants ministères ne doit être ni étranger, ni indifférent au vrai pasteur.

Je ne vous étonnerai pas, Mes Frères, en vous rappelant que les goûts et les penchants du nouvel archiprêtre de cette église semblaient le porter vers le ministère de la parole, bien que ses emplois précédents n'aient pas paru l'y préparer directement ; ministère de la parole dans la chaire, et aussi dans les relations et les conversations de la vie extérieure. Non pas assurément qu'il se mît en dehors des œuvres, ou de la direction des consciences, ou de la haute et saine administration de sa paroisse. Vous, Mes Frères, qui l'avez vu à l'œuvre depuis tant d'années, vous pourriez dire comment ces grandes et incessantes sollicitudes de tout pasteur étaient estimées et traitées par lui. Mais il voyait autour de lui des collaborateurs dévoués et intelligents qui ne demandaient qu'à dépenser pour la gloire divine leur activité et leur zèle, et il semblait avoir pris pour devise ces paroles des premiers apôtres : *Nos vero ministerio verbi instantes erimus*, pour nous, nous nous appliquerons surtout au ministère de la prédication ; et encore ces autres paroles d'un prélat distingué, notre métropolitain, il y a quelques années : « Ne pas vouloir faire, ne rien laisser faire, faire faire. »

Abandonnant à ses collaborateurs, ou à des prêtres investis de sa confiance, la direction et les détails de certaines œuvres particulières, il se réservait surtout le fardeau de la prédication, si accablant quelquefois. Prédication chaque dimanche à la grand'messe, et toujours à jeun ; station du carême pendant un certain nombre d'années ; allocutions aux diverses congrégations paroissiales ou aux communautés religieuses ; discours de bénédictions d'églises, d'autels, de cloches ; discours d'installation des pasteurs ou éloge funèbre du bien qu'ils avaient fait, l'infatigable apôtre était toujours prêt.

Vous rappellerai-je, Mes Frères, que les tendances de ses

prédications le ramenaient souvent vers les aspects élevés des dogmes chrétiens, d'où découlent toutefois les relations les plus simples et les plus affectueuses pour le cœur: la Divinité du Verbe; son Incarnation dans l'humanité; l'Eglise, extension de l'Incarnation du Sauveur; le Pape, l'Evêque, représentants de Jésus-Christ; le respect de l'autorité; la haute et grande dignité de l'âme chrétienne, pensées qui lui étaient tellement familières qu'il les reprenait et les reprenait encore, qu'elles dominaient même (et ici vous pourriez vous en faire mieux que nous les garants) qu'elles dominaient ses conversations. Et à ce sujet nous devons dire que nul devant lui ne s'est jamais permis, au moins impunément, aucune parole qui put, si peu que ce soit, blesser ces grandes et capitales vérités. Sous ce rapport il était inflexible. Lui si conciliant, si condescendant, autant qu'il le jugeait utile et opportun, homme de bonne et intelligente conversation, il devenait, en présence d'une attaque contre la religion d'abord silencieux et froid, puis défenseur intrépide et incisif : *Defensor strenuus et acerrimus.* Puis voyez-le bientôt, à l'autel, pénétré de ces émotions tendres et affectueuses que suscitent nos saints mystères, fondre en larmes un jour de Noël, un jour de Jeudi-Saint. Voyez-le porter dans les offices divins cette dignité toute empreinte de foi qui donne, nous dit la Sainte-Écriture, aux vêtements sacrés plus d'éclat qu'elle n'en reçoit : *in ascensu altaris sancti gloriam dedit sanctitatis amictum.*

Vous le montrerai-je, Mes Frères, dans son amour de l'Eglise? C'était comme le fond de toute sa vie. L'Eglise, le Pontife Souverain, l'Evêque, le Diocèse ; grandes et nobles représentations qui attiraient ses grands et légitimes respects. C'est à l'Eglise qu'il pensait encore à ses derniers moments ; c'est au Diocèse qu'il songeait, regrettant de n'avoir pu lui laisser des établissements assez prospères pour lui être très-utiles.

Vous le présenterai-je dans ses rapports d'administration, toujours courtois en même temps qu'habile, toujours ferme et ami du droit en même temps que prudent et condescendant?

Vous dirai-je surtout son respect et son amour pour les âmes? Il voulait qu'on le sût toujours prêt à se rendre à leurs besoins, à entendre les confessions, à diriger les consciences. Chaque jour, après sa messe; les veilles de grandes fêtes pendant toute la journée, il était à l'œuvre. Que d'âmes il a réconciliées avec Dieu! Que de cœurs, qui s'en souviennent, il a consolés!

N'est-ce pas cet amour pour les âmes, Mes Frères, qui l'a fait appeler près de lui ces auxiliaires précieux du sacerdoce séculier malheureusement éloignés aujourd'hui, ces révérends Pères de la Compagnie de Jésus, dont la présence au sein de la vieille abbaye de Saint-Vincent était comme une restauration bénie du passé, en même temps qu'un secours salutaire du présent; auxiliaires qu'il prévenait de toute sa confiance et de toute son affection, qui l'entouraient, eux, de toute leur estime et d'un entier dévouement à ses œuvres et à sa personne?

N'est-ce pas ce même amour, et en même temps le profond sentiment de la gloire divine qui suscitèrent tout ce qu'il fit pour la restauration de cette grande et imposante basilique? Car vous le savez, Mes Frères, c'est lui, c'est son initiative empressée qui inspirait, il y a vingt-cinq années, et menait à bonne fin cette réunion ou ce congrès d'archéologues distingués et compétents, congrès d'où est sorti le projet, aujourd'hui en si large voie d'exécution, de la restauration totale de la Cathédrale.

N'est-ce pas ce même amour qui le fit établir, dans les bâtiments de l'ancien Séminaire rachetés par lui, cette Institution Notre-Dame, qui rendit tant de services à la Cité et au Diocèse, pendant tout le temps qu'elle a pu exister? Son bonheur n'était-il pas d'y venir se reposer au milieu des petits enfants, de les bénir, de les encourager? Et n'est-ce pas dans ces mêmes bâtiments que les œuvres propres à développer le zèle des âmes, les Cercles en particulier, ont encore aujourd'hui leurs réunions?

Je parle des œuvres de zèle fondées sous l'administration de votre Pasteur, Mes Frères, ne craignez pas que j'oublie les œuvres de charité ou de piété : La Conférence de Saint-Vincent de Paul et l'Œuvre des Dames de charité pour la visite des pauvres à domicile et pour le soulagement de leur misère, non seulement corporelle, mais spirituelle, — l'Association des Mères chrétiennes, si propre à attirer sur les familles et sur les enfants les bénédictions de Dieu, — les différentes Associations en l'honneur de la Sainte-Vierge : le Saint-Rosaire et, pendant longtemps, l'Archiconfrérie de Notre-Dame des Victoires ou du Cœur-Immaculé de Marie pour la conversion des pécheurs, — la Confrérie du Sacré-Cœur et ses annexes, surtout la Communion réparatrice, qui compte depuis son établissement de si nombreux associés dans cette cité. Il avait compris, ce digne et intelligent Pasteur, que les œuvres sont la vie et aussi l'honneur d'une paroisse, et qu'au milieu de la diffusion et des progrès incessants du mal, dans nos jours troublés, il faut que les œuvres du bien se manifestent et sauvegardent les âmes, en même temps qu'elles apaiseront la justice et susciteront la miséricorde.

Au milieu de ces œuvres et de ces apostoliques travaux, Mes Frères, le temps et aussi les épreuves inhérentes à toute mission acceptée pour Dieu, avaient miné les forces de votre bien-aimé Pasteur ; sa constitution robuste avait faibli, des secousses soudaines et successives l'avaient profondément ébranlée. Plusieurs fois, vous le savez, il voulut songer à se démettre des charges d'un ministère devenu trop lourd pour lui. Mais vous quitter, Mes Frères, mais laisser là ses habitudes, son église, mais laisser là le travail, comme les personnes séculières qui ne peuvent, dit saint Chrysostôme, se faire pardonner leur inaction qu'en raison de l'âge où elles sont arrivées, *ætatis veniam nacti*, cela lui paraissait impossible.

Et puis, Mes Frères, votre sollicitude filiale et empressée ne se plaisait-elle pas à lui dire ce qu'autrefois saint Jérôme disait à un vieillard presque centenaire, nommé Paul : « Mais, votre vue est encore nette et votre regard est assuré : *oculi puro lumine vigent, pedes imprimunt certa vestigia.* » Vous vous plaignez de la débilité de l'âge, mais votre ouïe est fidèle, votre voix est restée sonore, votre esprit n'a rien perdu de sa vivacité par suite d'un sang refroidi : *Auditus penetrabilis..... Vox sonora ; non calidi acumen ingenii frigidus sanguis obtundit.* Alors que pouvait-il conclure et qu'elle réponse pouvait-il donner, sinon celle du fidèle compagnon de Josué, Caleb ? « J'avais quarante ans quand Moïse m'a envoyé vers cette terre, quarante et quelques années se sont écoulées depuis. Maintenant j'ai quatre-vingt-cinq ans et je me porte comme je me portais alors. *Sic valens ut valebam eo tempore.* »

Mais toute existence humaine a sa fin, Mes Frères, même la plus longue, et celle que les hommes estimeraient avoir été la plus utile. Après vous avoir montré l'esprit sacerdotal de votre Pasteur dans sa préparation, son accroissement, son action au milieu de cette importante paroisse, je dois en terminant vous le montrer dans sa consommation.

Quel esprit de foi en face de la mort, Mes Frères ! Le vigilant et prudent Pasteur se dispose, par la réception très-fréquente des sacrements, au suprême jugement de Dieu ; il fait spontanément le sacrifice de sa vie ; d'une voix forte et nettement articulée, bien que tombant de lèvres mourantes, il remet son âme entre les mains de son Créateur : *In manus tuas, Domine, commendo spiritum meum.* Quelle sainte confiance dans les mérites de Jésus-Christ qu'il a tant aimé, dans la puissante intercession de la Très Sainte Vierge, à laquelle il a toujours conservé une dévotion si tendre ! « Mère de grâce, lui dit-il très-souvent, pendant ses derniers jours, Mère de miséricorde, protégez-moi à l'heure de ma mort : *Mater gratiæ, Mater misericordiæ, in horâ mortis suscipe.* » Quel oubli de lui-même et des intérêts éphémères de ce monde ! Il ne veut pas qu'on pense autant à lui ; il s'inquiète des attaches naturelles qu'il aurait pu garder aux choses d'ici-bas ; il demande s'il s'est suffisamment détaché, s'il a bien tout donné. Quel dévouement à l'église, au diocèse ! Quels vœux pour sa chère paroisse, pour vous, Mes Frères, pour sa chère cathédrale de Laon, dont les intérêts le préoccupaient encore à ses derniers moments, et qu'il voulut doter d'une de ses plus larges et plus fructueuses libéralités !

Quelle résignation ! Quel abandon de tout lui-même à Dieu ! Quel esprit de sacrifice !...

Mes Frères, envisageons cette mort, et aussi cette vie de votre Pasteur, sous ces grands et vastes aspects qu'il aimait tant à considérer lui-même : Dieu, l'Eglise, les âmes, l'éternité. N'ayons pas la témérité de chercher quelque face obscure, par laquelle l'humanité nous apparaisse, infirme et débile. Voyons les faces lumineuses qui s'éclairent des hauts rayons de la foi et font disparaître dans leur éclat radieux toutes les ombres qui les entourent. Pleurez votre Pasteur, Mes Frères, et priez pour lui. Par vos prières, par vos hommages respectueux, continuez-lui, vous dirai-je avec Saint-Grégoire de Nazianze, ce froid et pâle éloge que nous n'avons fait que commencer : *conficite encomium meum*. De même que, ces jours derniers, vous étiez empressés à le visiter près de sa couche funèbre, à faire toucher des objets sacrés soit à son lit, soit à ses vêtements: *alius ut fimbriam, alius ut sacrife-rum lectulum tangeret*, de même suivez-le de votre empressement à sa dernière demeure terrestre, suivez son âme de vos prières et de vos bonnes œuvres offertes pour lui jusque dans le séjour de l'éternité.

Surtout, Mes Frères, profitez des graves enseignements que vous laisse sa vie, que vous donne sa mort. « Grands et petits, continue Saint-Grégoire de Nazianze, magistrats et particuliers, prêtres et fidèles, apprenez des lumières que reflète ce trépas, à sanctifier votre vie. » Aimez Dieu, Mes Frères, aimez Jésus-Christ, aimez l'Eglise : ce triple amour, qui n'en fait qu'un, sera votre guide et votre soutien ici-bas, en attendant que l'éternité bienheureuse soit au Ciel votre récompense.

Ainsi-soit-il !

Puis Mgr l'Evêque de Soissons a donné l'absoute et le cortège s'est dirigé processionnellement jusqu'au cimetière ; le cercueil de M. l'archiprêtre y a été déposé provisoirement dans la chapelle où reposent déjà ses prédécesseurs.

Un détachement du 45ᵉ de ligne a rendu les honneurs funèbres au défunt qui était, nous l'avons dit, chevalier de la Légion d'Honneur.

La foule s'est ensuite écoulée en silence, emportant de cette imposante manifestation publique, un souvenir profond.

Monseigneur a reçu l'hospitalité chez M. Périnne de la Campagne, président du Conseil de fabrique; MM. les membres du clergé ont été reçus, de leur côté, à l'ancien Séminaire.

Voici celles des dispositions testamentaires de M. l'archiprêtre de Laon qui intéressent notre arrondissement.

Elles portent la date du 17 janvier 1874 et ont été déposées en l'étude de Mᵉ Pasquier, notaire.

Legs en toute propriété à la fabrique de l'église cathédrale de la maison rue du Cloître, louée à Mᵐᵉ Rome, à la condition formelle que cette maison ne sera pas aliénée, et sous diverses charges, notamment de messes et de service anniversaire.

Legs de 3.000 fr. à la fabrique de Notre-Dame de Liesse pour travaux d'agrandissement, à la charge d'entretien de la tombe des père et mère du défunt.

Rente de 200 fr. à la fabrique de l'église de Presles-et-Thierny.

300 fr. aux sœurs de charité, pour distribution de pain aux pauvres de Laon, et spécialement de la paroisse de Notre-Dame, le jour de l'inhumation.

200 fr. une fois donnés, à chacune des œuvres suivantes : 1° Conférence de Saint-Vincent de Paul (hommes) ; 2° Même œuvre (femmes) ; 3° Ecoles chrétiennes ; 4° Dames du Bureau de charité pour l'ouvroir des externes pauvres ; 5° Dames de Bon-Secours pour les pauvres malades ; 6° Asile communal ; 7° Œuvre de la propagation de la foi ; 8° Œuvre de la Sainte-Enfance ; 9° Œuvres d'Angers, soit en totalité 1,800 fr. pour les neuf œuvres ci-dessus énumérées.

(*Journal de l'Aisne des* 26 *et* 27 *janvier* 1880.)

III.

Laon, 27 Janvier 1880.

Un honorable ecclésiastique de notre diocèse, qui a personnellement connu M. l'abbé Tévenart et qui est enfant, comme lui, de Notre-Dame-de-Liesse, nous a fait l'honneur de nous adresser la communication suivante.

Elle insiste sur un trait que le respectable archiprêtre de Saint-Quentin, M. l'abbé Mathieu, dans son portrait si ressemblant du vénéré défunt, avait déjà esquissé :

Ainsi que toutes les belles âmes, le défunt archiprêtre de Laon observait, avec une sorte d'enthousiasme, le devoir de la piété filiale. Rien n'était connu à Liesse, son pays natal, comme ses pélerinages au cimetière de cette ville, où reposent les cendres de son père et de sa mère. Combien de fois descendit-il, de pied toujours, la rampe jadis si escarpée de la montagne ! Il traversait comme un trait Vaux, Athies, la forêt, Gizy. Sa marche devenait fiévreuse au contact du sol sacré de Notre-Dame-de-Liesse. D'un pas il enjambait la passerelle qui longe l'avenue des grands peupliers ; puis il côtoyait les haies, les sentiers connus de son enfance, et tournait rapidement le lavoir public, rencontre inévitable qui le trahissait, à son grand regret. Deux minutes après, il était à genoux en face d'un humble monument. Là, les deux mains entrelacées sur la pierre, la tête inclinée et immobile, il priait longuement, se souvenait, pleurait. Puis, jetant un regard au ciel, il se redressait comme un ressort, se signait une dernière fois et reprenait le bâton du voyageur. Deux heures plus tard, il gravissait de nouveau sa chère montagne. A Liesse, on se disait dans la journée : M. Tévenart est encore venu aujourd'hui. A Laon, ceux qui le voyaient rentrant, le pied poudreux, la sueur au front, la poitrine haletante, disaient de leur côté : Il arrive de Besny, de Presles. L'archiprêtre de Laon avait fait à jeun trente kilomètres, d'une seule traite, et il ne les sentait pas ; car il avait prié sur son père et sa mère, il les avait revus !

(Journal de l'Aisne du 28 janvier 1880.)

BIBLIOTHÈQUE NATIONALE R.F. IMPRIMÉS

www.ingramcontent.com/pod-product-compliance
Ingram Content Group UK Ltd.
Pitfield, Milton Keynes, MK11 3LW, UK
UKHW020530180726
13839UKWH00005B/2414